nuevas idea

PINTURA
SOBRE CRISTAL

Las ideas para la creación
de este libro han sido aportadas por

Christel Deschamp

ediciones

ceac

Título original: *Transparentmalerei*
© 1986 Otto Maier Verlag Ravensburg
© Grupo Editorial Ceac, S.A.
Para la presente versión y edición en lengua castellana
Ediciones Ceac es marca registrada por Grupo Editorial Ceac, S.A.
4.ª edición: junio, 1996
ISBN: 84-329-8412-4
Depósito legal: B. 23.533-1996
Bigsa, Industria Gráfica
Impreso en España - *Printed in Spain*
Grupo Editorial Ceac, S.A. Perú, 164 - 08020 Barcelona

Contenido

Introducción

Ya en la Edad Media el vidrio coloreado ejercía una fuerte fascinación sobre la gente; una prueba de ello la constituyen las majestuosas vidrieras con que fueron adornadas muchas iglesias durante los siglos XII y XIII.

Durante el siglo XIX el arte del vidrio obtuvo un nuevo empuje y en los últimos tiempos las vidrieras al plomo se han puesto de moda como hobby. Hoy en día es posible pintar vidrio con pinturas transparentes de colores. El efecto es similar al del vidriado al plomo, pero la necesidad de espacio y tiempo es ciertamente mucho menor. Cuando uno se ha acostumbrado a los tintes líquidos, la pintura es sencilla. Incluso los principiantes pueden dominar esta técnica.

Este libro le introduce en las técnicas posibles con la pintura sobre vidrio y da importantes consejos que hacen más fácil su dominio.

Es posible pintar cualquier objeto de vidrio o plástico. Desde pequeños cuadros enmarcados en plomo hasta mesas, lámparas y jarrones, pasando por puertas de vidrio y ventanas. No hay límites a su fantasía.

La pintura con colores transparentes le producirá sin duda alguna la misma satisfacción que a mí y dará un toque personal al interior de su casa.

Reproducción de una
ventana vidriada al plomo
con tintas transparentes,
por Tiffany.

Lugar de trabajo y material

El lugar de trabajo.

El lugar de trabajo ha de estar preparado en una habitación con buena ventilación ya que, después de un largo rato de trabajo, los tintes desprenden un molesto olor. Si pinta grandes superficies será mejor que trabaje con las ventanas abiertas.

Para pintar sirve cualquier mesa de altura normal. Como precaución cúbrala con una cubierta lavable. Encima coloque una superficie blanca (papel) que ha de ser como mínimo del tamaño del cuadro que se va a elaborar. Naturalmente, lo mejor sería una mesa de cristal que uno mismo puede construirse, como se explica en el capítulo "Construcción de una mesa de vidrio". Sería conveniente que hubiese un enchufe cercano.

El material.

Cristal, motivo, 4 pequeños soportes, pasta para contornos, pinceles, tintes transparentes, recipiente para limpiar los pinceles, tapones para frascos, trapos no deshilachables, bata o delantal, en cuadros grandes: 2 listones de madera, 1 lámpara pequeña.

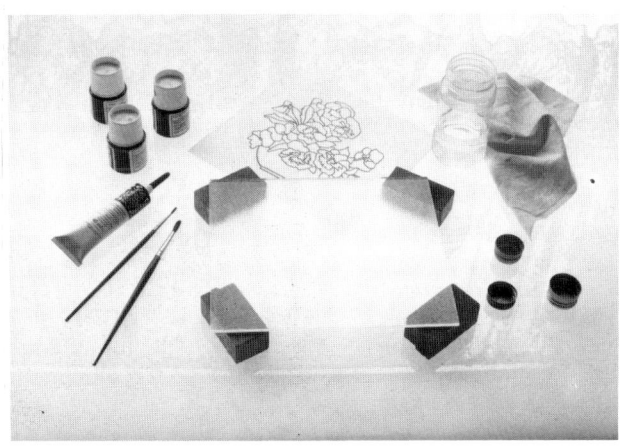

El vidrio

Según el efecto deseado para el cuadro, se elige entre varias muestras de vidrio liso, translúcido o martilleado. Normalmente el vidrio es martilleado por una cara, mientras que la otra, nuestra cara de trabajo, es lisa. En el vidrio ondulado la pintura se acumula en los hoyos. El cristal de color no se adecúa bien a la pintura, ya que altera los colores.

El grosor del vidrio ha de ser de 2 a 4 mm; para grandes cuadros es necesario un cristal grueso; para puertas de vidrio, basta un espesor de 6 mm; para mesas, alrededor de 8 mm.

Hay que limpiar el cristal con una solución alcohólica para que quede impecablemente limpio.

Los cristales los corta el vidriero. Vigilar que el cristal liso no tenga arañazos. También se pueden comprar cristales ya tallados en las tiendas de bricolage. En éstas se pueden comprar también placas de cristal acrílico para pintar. El surtido de cristales suele ser rico. Hay placas de distintos tamaños con y sin marco.

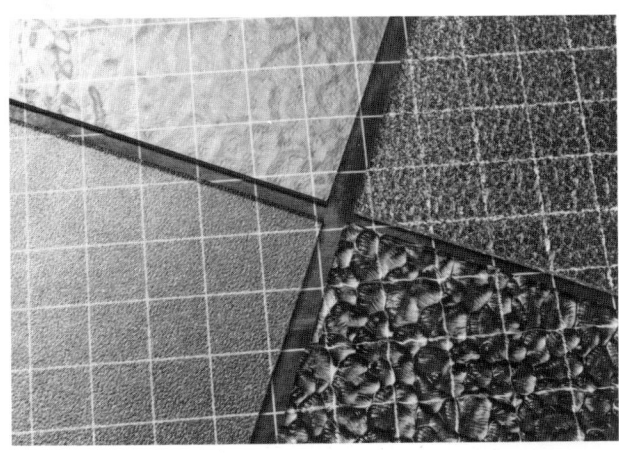

Algunos ejemplos de vidrios pintados total o parcialmente.

Las siluetas

Pasta para contornos.

El primer paso consiste en trazar nuestra idea sobre el vidrio. Para ello se coloca el motivo bajo la placa de vidrio y se resigue con pasta para contornos. Ésta se puede comprar en tubos de colores de diferentes tonalidades.

Es importante apretar los tubos con suavidad y usarlos con fluidez. El tinte sobrante en la punta del tubo y los errores se pueden quitar con un trapo. Tras el secado puede limpiar las impurezas por medio de una solución alcohólica y quitar las siluetas con un pequeño cuchillo. Tras su uso tape los tubos para que no se sequen los colores.

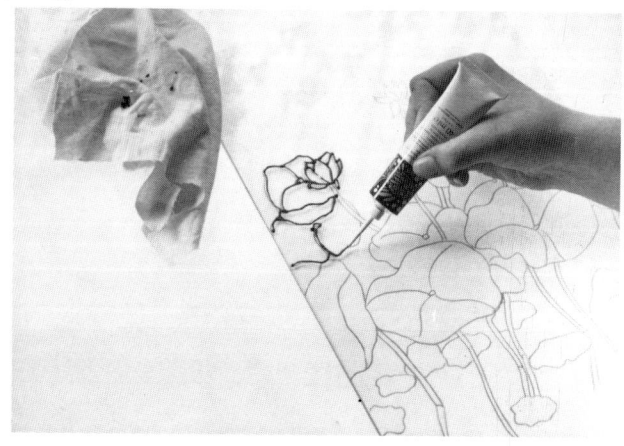

Para conseguir una fina línea de relieve mantengan el tubo inclinado como un lápiz. Trazando finas líneas contiguas se consigue un efecto muy especial.

Cuanto más corta se deje la punta de plástico del tubo, más gruesa será la línea en relieve. La punta también se puede desenroscar, así aparecen las líneas tan gruesas como en el vidriado al plomo. En este caso no mantenga el tubo inclinado sino vertical para que los contornos no sean demasiado gruesos e irregulares.

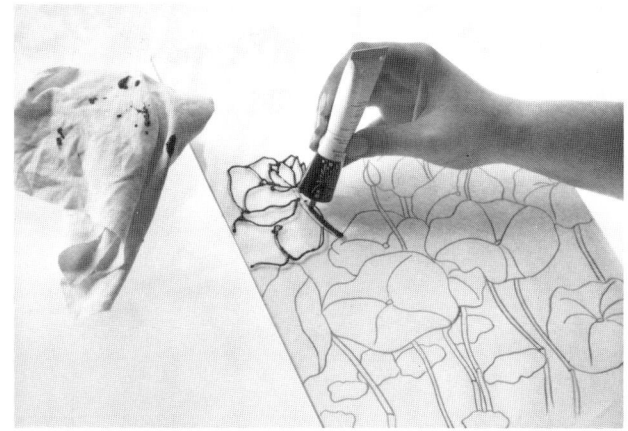

Pintura para contornos.

En el comercio no sólo se ofrece pasta para contornos, sino también pintura para trabajar con el pincel. Es más consistente que el tinte transparente. Su uso no produce ningún relieve como ocurre con la pasta, y si se aplican los tintes transparentes en gran cantidad se corre el peligro de que la pintura se salga de los márgenes.

Dibujos gráficos.

También se pueden hacer cuadros en blanco y negro en los que sólo se usa pasta y pintura para contornos.

Los pinceles

En la pintura sobre vidrio se emplean pinceles redondos. En general bastan dos tamaños, uno fino (2-3) y uno medio (8-10). No hace falta que sean pinceles caros para acuarela; para nuestro fin los pinceles de pelo blando, sencillos, sirven perfectamente. Sin embargo, hay que procurar que tengan una punta fina. Ello es importante para poder pintar detalles finos y pequeños "recodos".

Para que los pinceles duren hay que cuidarlos bien: cuando se cambie de color o al acabar el trabajo es necesario limpiarlos con un diluyente u otro producto. Tanto el aguarrás como el nitrato son adecuados. Antes de usar un pincel recién acabado de limpiar ha de ser secado cuidadosamente con un trapo para no alterar el color siguiente (aguado).

Los pinceles se guardan en posición vertical en un vaso (lapicero) con el pelo hacia arriba para que no se doble.

Para pintar este vistoso pájaro bastan dos gruesos pinceles.

La reja de esta puerta exterior se integra bien en este motivo floral.

Los colores

El tinte se ofrece en el comercio en forma de colores transparentes, y es vendido en pequeños frascos de vidrio de 20-50 ml. Algunas marcas ofrecen también botellas de 125 ml. Los tintes son líquidos y transparentes.

Tiempo de secado.

Procure siempre que los frascos estén abiertos lo menos posible ya que, debido a la evaporación, el tinte se espesa. Si se aplica diluyente de nuevo, el resultado no suele ser muy bueno. Por esta causa recomendamos frascos pequeños, sobre todo porque los tintes son muy económicos (unos 20 ml alcanzan para 0,50 m²).

Resistencia.

Los colores se secan parcialmente tras unas dos horas. El secado correcto se consigue entre 1 y 3 días. El tiempo de secado depende de la temperatura y del grosor del tinte aplicado y es mucho más rápido con la ayuda de una lámpara infrarroja.

Conservación.

Los colores secos resisten el agua y las soluciones alcohólicas (limpiables con limpiacristales alcohólicos). Hasta que el tinte no está completamente seco los cuadros se pueden rayar. Cuanto más largo sea el secado más difícilmente se rayarán. En base a mi experiencia, los cuadros son en general tan resistentes como la laca de los coches.

Cuidado: ¡No utilice productos de lavado que contengan amoníaco!

El cuadro acabado debería limpiarse con un trapo suave. Los cuadros transparentes resisten tanto el calor como el frío.

Algunos fabricantes afirman que el tinte se puede cocer hasta 120 ºC. En principio ello es válido para todos los colores transparentes, ya que todos los colores adquieren consistencia con el calor. Si quiere fijar los colores al horno no debe en ningún caso superar los 180 ºC, puesto que liberaría vapores venenosos. Después del enfriamiento los colores son tan sólidos como tras un largo tiempo de secado. El vidrio acrílico no debe ser cocido.

Cocción.

¡Haga caso siempre de las instrucciones de uso del fabricante!

Luminosidad.

Vale la pena realizar una prueba sobre vidrio de los colores originales y sus mezclas con transparente (en relación 1:1 y 1:2). Coloque el cristal frente a una ventana cara al sol; al cabo de unas dos semanas verá si los colores se alteran.

La elección de los colores.

Si aún no tiene práctica en la mezcla de colores puede elaborar un entramado en el que cada color es mezclado con otro en la proporción 1:1. En cualquier caso, es mejor que haga siempre una prueba de color antes de empezar un cuadro.

Los colores al pastel de
este cuadro que sirve de
separador lo hacen
especialmente refinado.

La calidad de todos los tintes obtenibles en el mercado suele ser generalmente buena o muy buena, si el tinte se aplica generosamente. Cuando se trabaja con capas finas el resultado no es tan seguro. También en las transparencias el color puede palidecer algo. Los colores no se alteran si el vidrio está colocado de modo que no le dé la luz solar; por ejemplo, a modo de separación o como puerta de vidrio en el interior de la vivienda.

Para que los colores tengan la máxima calidad conviene comprar toda la gama de una misma marca.

Ello también tiene la ventaja de no perder mucho tiempo en difíciles mezclas. Con la práctica, sus preferencias se inclinarán hacia una marca determinada.

Impurezas del tinte.

En algunos frascos de tinte, sobre todo cuando hace tiempo que se usan, a veces aparecen impurezas. Cuando se pinta, estas pequeñas partículas pueden aparecer sobre la superficie pintada. Mientras el tinte esté húmedo, se las puede quitar rápidamente con un pincel seco.

Laca de protección.

Los colores transparentes se destinan habitualmente a la decoración de objetos del interior de la vivienda. Si se quiere situar el cuadro al aire libre, por ejemplo en una lámpara exterior, hace falta tratarlo con una laca especial de protección. En el comercio se ofrecen lacas para este fin. Debería usarse la laca de la misma casa que el tinte. En caso contrario es importante hacer una prueba sobre vidrio ya que el color de base puede diluirse si los productos son incompatibles.

Pintar

Después de repasar las siluetas con pasta o pintura para contornos, y una vez todo está seco, se empieza a pintar la superficie. Hay que trabajar sobre plano, puesto que de otro modo los tintes transparentes, muy fluidos, se corren. Incluso los grandes objetos como puertas de vidrio se trabajan sobre plano. Hay que situar la mesa de manera que sea accesible por todos sus lados.

Mientras se pinta hay que alzar la placa de vidrio para tener una idea de la transparencia de los colores.

Las puertas y ventanas se pueden pintar con o sin marco. Para levantar superficies grandes lo mejor son los tacos de madera.

Para pintar se eleva el cristal con cuatro tacos (o bien cajas grandes de cerillas), con lo que al aplicar los colores se obtiene ya una idea de la transparencia. Si se coloca el cristal directamente sobre el papel los colores aparecerán más oscuros.

*Pintado de superficies
pequeñas y medianas.*

Si se deja caer una gota de
tinte en el centro de una
superficie contorneada,
ésta rellenará el espacio;
sólo hay que ayudarla con
el pincel y acabar de
pintar el borde. Use los
tintes con generosidad
para que cubran bien la
superficie.

Las puertas y ventanas con marco ya quedan un
poco alzadas por éste. Naturalmente, lo ideal es una
mesa de vidrio que uno mismo puede construirse, como
se explica en el capítulo "Construcción de una mesa de
vidrio". En este caso se coloca la placa de vidrio, sobre la
que se pinta directamente encima del vidrio de la mesa.

No se olvide de ponerse un delantal o una bata ya
que las manchas de tinte no se pueden quitar.

Al lado del tinte necesita un recipiente con diluyente, aguarrás o nitrato para limpiar los pinceles. También
habrá que tener a mano un trapo que no se deshilache.

*Pintado de superficies
grandes.*

En el caso de grandes espacios, debido a que el tinte
se seca rápida y regularmente sobre la superficie y a que
el trabajo con el pincel duraría demasiado, se echa el
tinte directamente desde el frasco sobre la placa de vidrio. Una superficie delimitada por los contornos ha de
mantenerse húmeda hasta su acabado. Se pinta de nuevo sobre la superficie medio seca formando bordes.
Trabaje siempre rápida y tranquilamente. Para evitar un
secado demasiado rápido es necesario trabajar con un
buen grosor de tinte.

En todo tipo de trabajo son necesarias la rapidez y la
concentración. Si aún no se siente seguro, puede elaborar fácilmente grandes superficies con líneas decorativas
con la pasta para contornos.

Pintar grandes superficies de forma uniforme con
un solo color es muy difícil. Fácilmente aparecen zonas

Antes de verter el tinte tenga cuidado de que el borde del frasco esté limpio para que no se viertan impurezas. Viértalo siempre en el centro de la superficie y comedidamente.

1. Pintado del fondo: se empieza por el punto donde el motivo se encuentra más cercano al borde del vidrio; ponga una buena cantidad y pinte a buen ritmo alrededor del motivo. Si en el punto de partida se seca el tinte, extiéndalo con pinceladas decididas, obteniendo una transición fluida.

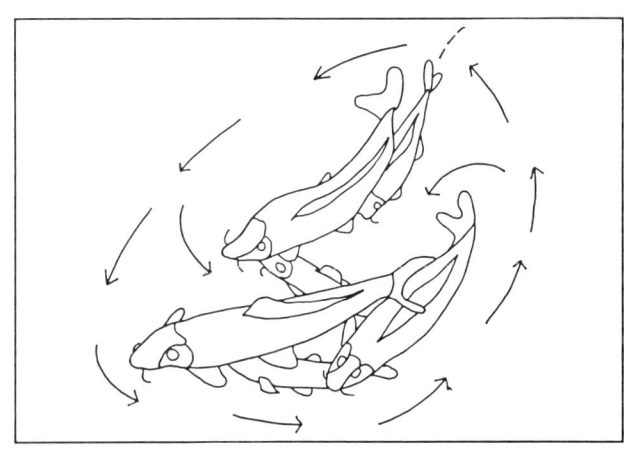

2. No debe pintarse en una sóla dirección alrededor del motivo sino por ambos lados. Primero uno y luego el otro, sin dejar secar el tinte.

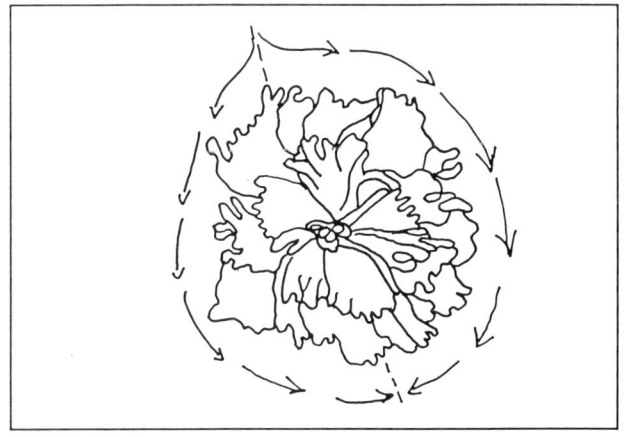

más claras o más oscuras que, sin embargo, a menudo producen atractivos efectos.

Comprobación de la superficie pintada.

Para que cuando cuelgue un cuadro en la ventana no descubra pequeños puntos sin pintar, ponga el vidrio de vez en cuando frente a la luz.

Hay que comprobar incluso las superficies muy oscuras puesto que la tonalidad del color varía cuando incide la luz en él.

Los cristales demasiado pesados para ser elevados se sostienen mediante listones de madera de forma que quepa una luz debajo (por ejemplo, una luz de neón con cristal lechoso). Si se tiene una mesa de vidrio se trabaja con la iluminación correspondiente.

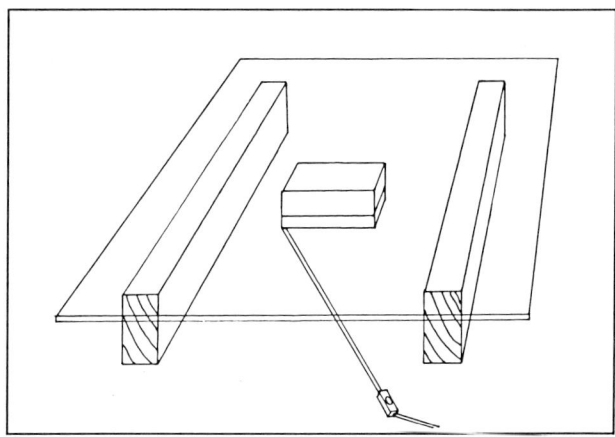

Corrección de pequeños errores.

Evitará errores esperando a que el tinte esté seco antes de pasar a la siguiente fase.

Puede ocurrir que, mientras se pinta, el tinte supere el borde del relieve. Se ha de quitar rápidamente con un trapo. No hay peligro si ello ocurre sobre la porción del vidrio que aún no se ha pintado. Por el contrario, hay que ser muy cuidadoso sobre la superficie pintada. Cuando el tinte sólo está medio seco se pueden producir manchas con el trapo que, si se repintan, se hacen aún más visibles. A veces hace falta eliminar todo el tinte con diluyentes o nitrato.

Si cae una gota de tinte sobre una superficie todavía húmeda, es posible mezclar los colores si éstos combinan bien.

Los errores son, en general, de difícil corrección debido a que los colores son transparentes.

Pintura vertical.

Con tintes transparentes es harto difícil pintar verticalmente. Sin embargo, si se quiere pintar, por ejemplo,

22

una ventana no desmontable, existen varias y entretenidas posibilidades.

1. Es posible conseguir en el mercado espesantes que posibilitan el trabajar verticalmente los tintes. Ello tiene el inconveniente de que los colores aparecen más claros, siendo así menos segura la efectividad de la luz.

2. Se pueden utilizar tintes viejos y que, debido a que no han sido tapados cuidadosamente, se han espesado un poco. Pintar con ellos es más complicado ya que además estarán ásperos y mostrarán "hilos". Sin embargo, no hay que utilizar mucha cantidad puesto que el tinte podría rebasar los contornos.

3. Otra posibilidad consiste en dar capas muy finas y repintar tras el secado hasta conseguir la tonalidad deseada. Ello es, naturalmente, más lento.

4. Lo mismo ocurre con los patrones y los pulverizadores (véase el capítulo correspondiente).

5. Otra solución consiste en pintar hojas adhesivas (véase el capítulo correspondiente).

Modelos prácticos.

Durante el tiempo de secado, el cuadro, sobre todo si es grande, es ideal para atraer las partículas de polvo que pueden posarse sobre la superficie pintada aún húmeda. Después siempre aparecen algo visibles en el cuadro. Para evitarlo habría que colocar el cuadro para su secado en un espacio en donde no exista el peligro de levantar polvo. Procure no trabajar con un jersey de lana (borra)., Hay que poner el cuadro en posición vertical lo más pronto posible.

Carpas nadando a partir de una pintura japonesa sobre seda del siglo XIX.

El tratamiento desigual del color del fondo produce un efecto natural.

También es posible mezclar los colores directamente sobre el vidrio. Aparecen entonces superficies con bandas o vapores según el contenido y el tipo de la mezcla. Sin embargo, las superficies pequeñas pueden quedar muy regulares.

También es muy efectiva la mezcla con transparente: se vierten pequeñas cantidades de transparente sobre superficies pintadas frescas y húmedas. Las gotas se extienden sobre la superficie húmeda. Eventualmente, ayude con el pincel. Se consigue un efecto parecido virtiendo una gota clara sobre una superficie oscura.

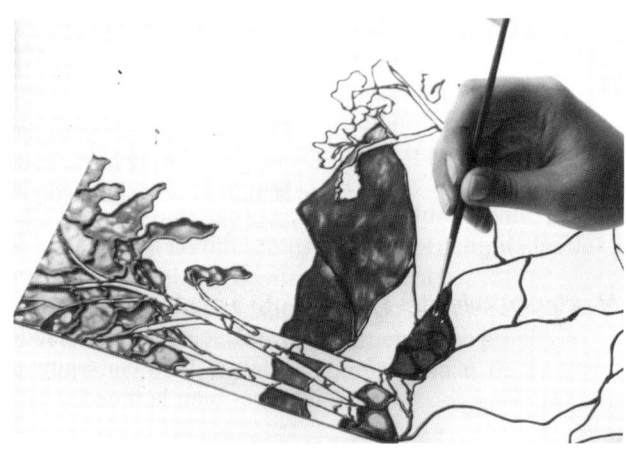

Las tonalidades.

Para un cielo claro se necesita mucho transparente. Para la transición del azul a la falta de color o al blanco se pinta todo lo que ha de quedar sin color con transparente y se va mezclando cada vez más azul hasta que finalmente se pinta sólo con el azul.

¡Piense siempre en la luminosidad! Si con anterioridad las pruebas han mostrado un empalidecimiento del color, es aconsejable pintar un poco más oscuro, con lo que posteriormente se conseguirá la tonalidad deseada.

La misma técnica sirve para otros colores; por ejemplo, del verde al azul.

Las capas

En trabajos muy precisos (por ejemplo plumas de ave) se tratan los colores en capas que, en cada caso, han de haberse secado completamente. La primera capa es siempre, en base a la transparencia, el color más claro.

En el ejemplo aquí mostrado el motivo central es muy detallado y el resto está sólo esbozado o sin pintar.

Debido a que los colores mezclados con blanco también son visibles con luz reflejada, es posible colgar en la pared, incluso sin una fuente de luz, los cuadros en los que se usa mucho blanco o mezclas con blanco. Si se quiere emplear así un cuadro de vidrio es fundamental el

29

colocar, cuando se pinta, la placa de vidrio sobre un papel blanco, puesto que con luz de través los colores se ven más claros.

En el ejemplo de arriba el cuadro no ha sido pintado en su totalidad. La estructura del cristal martilleado es aún visible. Como base, imprescindible en este caso, se escogió una hoja de papel grueso. De esta forma es posible aplicar los colores adecuados.

Transparencia.

Los colores son transparentes gracias a la luz que incide por detrás del cuadro; así, por ejemplo, por la tarde con la luz encendida en la habitación solo se reco-

Si se mezcla el color blanco con otros colores transparentes de manera que la mezcla no sea uniforme sino un poco vaporosa, se obtiene un efecto jaspeado similar al vidrio opalescente.
Para ello ponga primero blanco y luego mezcle el otro color.

nocen las siluetas y algunas sombras. Otra cosa ocurre si se usa el color blanco u otros colores mezclados con blanco (aproximadamente en la relación 1:1). Las partes así pintadas aparecen en el cuadro, otrora oscuro, bien visibles. Se puede aprovechar este efecto ordenando decorativamente las superficies blancas del cuadro (por ejemplo, flores). Para conseguir que el color blanco semitransparente sea igualmente transparente como los demás colores, puede mezclarlo con tinte transparente.

Vidrio opalino.

Si se pinta únicamente con el color blanco se obtiene la sensación de un auténtico cristal opalino, o sea, de un vidrio de color lechoso que deja pasar la luz sin ser realmente transparente.

Vidrio opalescente.

El efecto de este tipo de vidrio –un cristal opalino jaspeado usado a menudo en el vidriado al plomo– se consigue en la pintura sobre vidrio mediante la combinación del color blanco con otros colores transparentes.

Vidrio colorescente.

Un vidrio jaspeado con la mayoría de los colores más transparentes que el vidrio opalescente, pero con una luminosidad parecida. En la pintura sobre vidrio se consigue este efecto a través de una mezcla irregular (jaspeada) de colores transparentes y blanco.

Pintura sin contornos: aquí se ha pintado sobre vidrio martilleado; la estructura de las olas se logró quitando parte del tinte con un pequeño cuchillo.

Otras posibilidades con la pintura sobre vidrio

La pintura sobre vidrio y los esmaltes.

Los esmaltes poseen características similares a los tintes para vidrio y por ello pueden combinarse bien. Las partes del cuadro pintado con esmalte son visibles, sobre todo con luz reflejada. En cualquier caso, no debería escogerse ningún motivo demasiado oscuro ya que de otro modo las superficies aparecerían negras a contraluz.

Pintura sin contornos.

Si se trabaja totalmente sin contornos desaparece toda similitud con el vidriado al plomo. De todas formas, ello sólo es posible con motivos relativamente sencillos. El tiempo de secado entre la aplicación de cada color ha de ser de unas 24 horas ya que sino los colores podrían correrse y mezclarse.

"Saltado" del tinte.

Cuando el tinte está lo suficientemente, aunque no totalmente seco, se puede quitar algunas porciones con un pequeño cuchillo para resaltar determinadas estructuras.

Pintura sobre cristal lechoso.

El cristal lechoso –liso por una cara y áspero por la otra– puede ser pintado por ambas caras. Incluso con la aplicación de un color blanco lechoso se consigue un efecto especial. La cara rugosa es especialmente apropiada para la pintura sin contornos, debido a que el color es absorbido en parte por la estructura rugosa. Sin embargo, hay que ser especialmete cuidadoso puesto que no es posible borrar el tinte.

Si se desea pintar sobre la cara rugosa es conveniente trazar primero el motivo sobre la cara lisa con rotulador. Para ello es muy práctico un rotulador especial que trabaja bien sobre vidrio y que resulta fácil de borrar.

Si se pinta con transparente la cara rugosa del cristal lechoso, el vidrio aparecerá translúcido. Esta técnica es apropiada también cuando se tiene un fondo oscuro.

Pintura con patrones.

Otra posibilidad para trabajar sin contornos consiste en el empleo de patrones.

Para los tintes muy líquidos lo único adecuado es una hoja adhesiva (las hojas adhesivas para patrones se encuentran en las tiendas especializadas). En los motivos regulares o geométricos se puede recortar la hoja adhesiva.

El motivo escogido se dibuja sobre la hoja. El motivo se puede dibujar debajo. Corte el patrón siguiendo las líneas. Las superficies que hay que pintar se cortan con unas tijeras afiladas o un cutter.

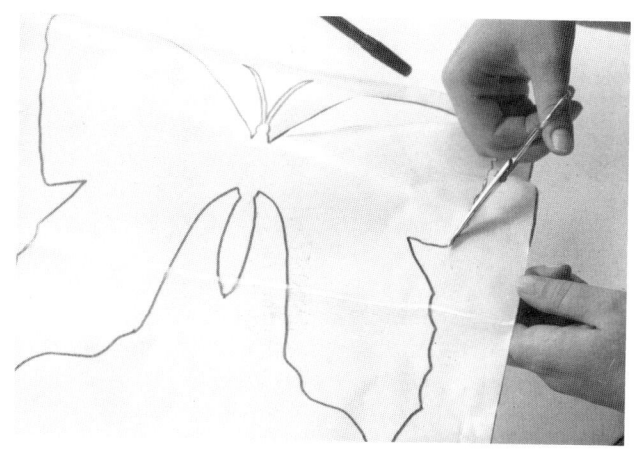

Una vez preparada la hoja, se separa el papel y se pega la cara transparente rápidamente sobre el cristal. Tenga cuidado en no dejar burbujas y en que la hoja quede bien pegada.

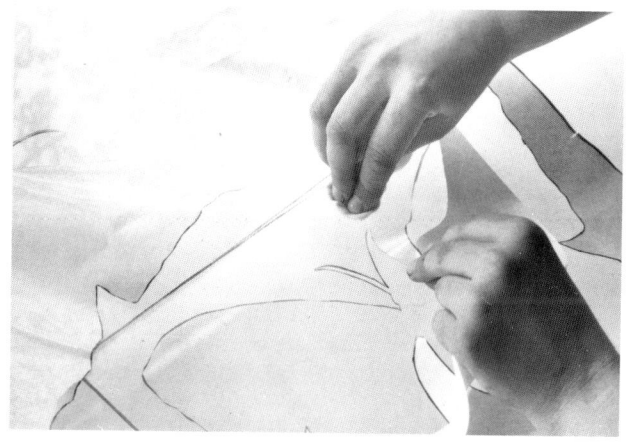

Para el rellenado de las superficies la técnica de pulverizado sirve perfectamente. También puede pintar con el pincel pero tenga cuidado que el tinte líquido no se deslice por debajo del patrón. Tras el secado debe despegarse la hoja cuidadosamente.

La técnica del
pulverizado.

Si no se tiene la posibilidad de tomar prestada o comprada una pistola pulverizadora de aire comprimido o bien un cepillo de aire (airbrush), basta un simple pulverizador con un depósito recargable, de gas que se puede comprar en las tiendas de bricolage.

En la técnica de pulverizado se trabaja por capas. Es decir, primeramente se pulveriza una fina capa, se deja secar y se pulveriza de nuevo. El proceso se repite 5 o 6 veces. Esta forma de trabajar es necesaria, pues se trabaja verticalmente y haciéndolo de otro modo los colores líquidos resbalarían hacia abajo.

Si se quiere conseguir un tratamiento uniforme es importante describir movimientos de arriba a abajo y de derecha a izquierda.

Se obtiene un interesante efecto si se pulveriza sobre una superficie pintada oscura (por supuesto, pulverizar una sola "capa"). Con ello aparecen estructuras "arenosas" o "granuladas". Las superficies que no hay que pulverizar se tapan con una máscara de papel.

Pintura sobre láminas
autoadhesivas.

Si no se desea pintar un objeto directamente, por ejemplo una ventana, pero tampoco quiere renunciar al efecto elegante y agradable del vidrio pintado, existe la posibilidad de pintar sobre una hoja adhesiva transparente. Esta decoración, fácil de cambiar, tiene sólo el inconveniente de que los márgenes, con el tiempo, se hacen poco vistosos.

Las hojas suelen estar enrolladas, por lo que para poder pintarlas hay que dejarlas planas sobre la mesa con algunos pesos.
Para reseguir los contornos puede colocar el motivo debajo transparentándose. Se sigue el proceso normal de un cuadro sobre vidrio.

Tras el secado se recorta el motivo. Las hojas siguen siendo muy flexibles a pesar del tinte y los contornos. Se retira la cara de papel, pegándose sobre el cristal limpio y seco la hoja pintada.

Esta puerta ha sido decorada sólo parcialmente (aquí con una hoja) para poder contemplar el paisaje exterior.

El enmarcado

Marcos de plomo.

En los comercios especializados se pueden obtener tablillas en forma de U hechas de plomo u otro material soldable. Dichas tablillas suelen tener unos 40 cm de largo y están pensadas para un vidrio de 2 a 4 mm de grosor.

Además de las tablillas existen otros materiales, por ejemplo rollos de hilo de plomo (para cristal de formas redondeadas) o bien cinta plana de plomo a la que uno mismo puede dar la forma de U. Existen todavía muchos otros materiales de entre los cuales cada uno puede escoger aquél que parezca más apropiado a sus posibilidades. Explicaré aquí el enmarcado con tablillas, pues el resto de materiales se trabajan de la misma forma.

Las varillas se cortan a medida del cuadro; el cristal es enmarcado de manera que las tablillas en forma de U se solapan en los cantos. Con la parte trasera hacia arriba se coloca sobre una superficie de madera, se fija con clavos y se sueldan los ángulos.

Una vez acabado el marco se sueldan en los dos ángulos superiores un par de soportes. No es necesario soldar la cara anterior ya que los cuadros pequeños pesan poco.

Marcos de madera.

Para los vidrios gruesos y grandes hay que escoger un marco estable. Se puede encargar un marco de madera en las tiendas especializadas (los marcos ya hechos no son muy apropiados) o bien lo puede hacer uno mismo fácilmente. Los marcos han de ser presentables por ambas caras, lo cual es importante para un cuadro de vidrio, ya que se puede contemplar por las dos caras. Hace falta un canto de madera, un listón plano y uno redondo. La simple madera de pino es perfectamente adecuada. Puesto que los listones normalmente están hechos de dicha madera, es conveniente lacar los marcos acabados con laca de color. En maderas de otras calidad basta con una capa protectora.

Los listones de madera se cortan a medida del cuadro, se encolan, perforan y clavan.
L_1 = Altura del cuadro + 2 veces b_2.
L_2 = Anchura del cuadro.
b_2 = Anchura del marco de madera.
Detalle del engarzado de los listones.
x-y = Superficie de contacto encolada de la madera.
d_2 = Grosor del marco.

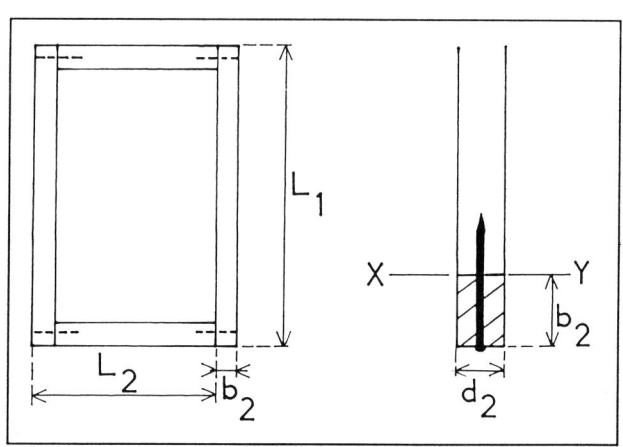

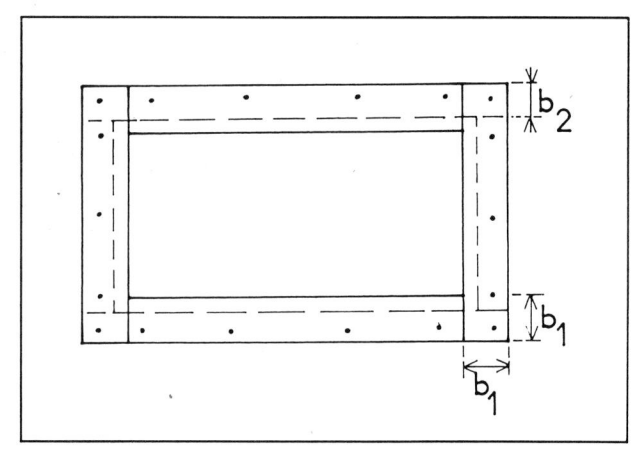

Aspecto del marco por la cara posterior. Los listones planos se clavan sobre el marco de madera.
b_1 = anchura del listón posterior.

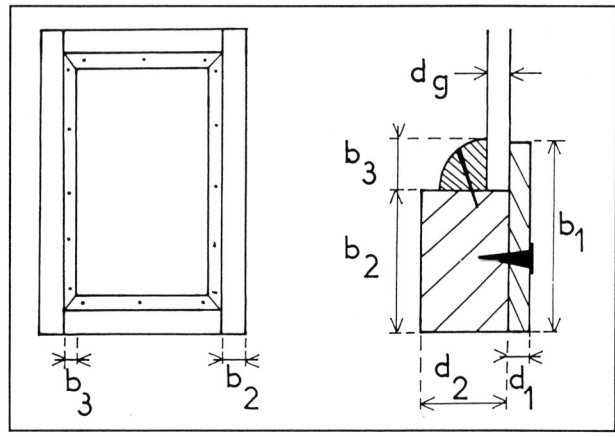

Aspecto anterior del marco. Los listones redondeados se cortan oblicuamente y se clavan después de colocar el cristal. Preferentemente, con clavos sin cabeza.
b_3 = anchura del listón redondeado.
Corte transversal del marco montado con el cristal.
d_1 = grosor del listón posterior.
d_g = grosor del vidrio.

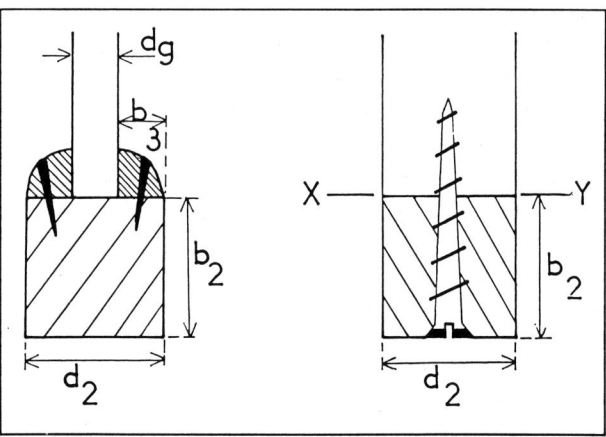

Con vidrios grandes y pesados se modifica el marco: corte transversal del marco montado con el cristal. Se toma un listón más grande de madera fijándose con dos listones redondeados. Detalle del engarzado de los listones: después del encolado se perforan y atornillan.

40

La delicada separación del vidrio martilleado estructura este paisaje de una forma discreta.

Puertas y ventanas.

Si desea pintar el vidrio de puertas y ventanas puede quitar el cristal del marco o bien dejarlo como está. Si quita el cristal, cuando lo vuelva a colocar puede asegurarlo con un listón redondo de madera. Si se trata de puertas o ventanas exteriores debe enmasillarlo para asegurar un buen aislamiento.

Otra posibilidad consiste en la colocación de un vidrio pintado sobre el cristal de la ventana; éste permanece entonces sin pintar. Este vidrio adicional se fija con listones redondos al marco de la ventana.

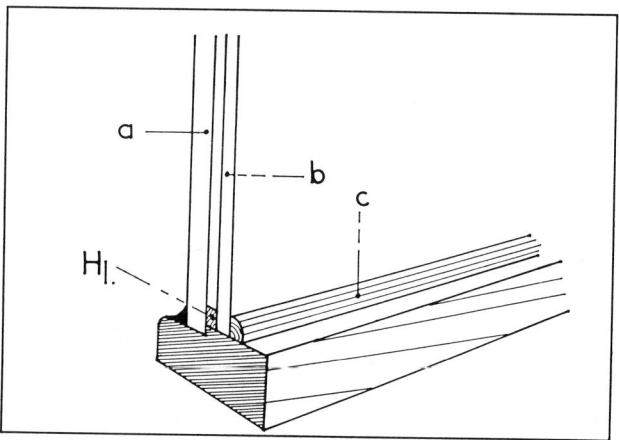

Un cristal pintado se coloca frente a una ventana y se fija al marco de ésta con un listón redondeado.
a = cristal de la ventana.
b = cristal pintado.
H_2 = listón de separación de ambos cristales.
c = listón redondeado.

Cuadros con luz acoplada.

Puede construir una caja alrededor del cuadro de unos 20-25 cm de profundidad. Se pinta el interior de blanco y se instala una pequeña lámpara de neón o un sistema con varias luces pequeñas. Puede arreglarse para colgarlo en la pared.

En este tipo de cuadro es aconsejable el uso de cristal martilleado y pintar el vidrio en su totalidad.

Tres pavos a partir de un grabado en vidrio de René Lalique.

Otros objetos de vidrio

Espejos.

Para pintar sobre un espejo hay que trazar el motivo directamente sobre la superficie con un rotulador o bien sobre un papel de calcar (mejor papel carbón).

Después de haber trazado las líneas con pasta para contornos se eliminan cuidadosamente del espejo las líneas que aún se puedan ver. Se pinta entonces como de costumbre. Fíjese que los colores se vuelvan sobre el espejo un poco más oscuros. A veces, mientras se pinta, el reflejo del espejo puede resultar molesto.

También se puede acoplar un espejo detrás del cuadro de vidrio. En ese caso, puede prescindir de la habitual fuente de luz. El espejo refleja la luz incidente. Sin embargo, los colores oscuros no son adecuados. Lo más interesante es el efecto producido en el vidrio martilleado.

Mesas de cristal.

Para las mesas de vidrio se usan cristales de 8 mm de espesor. Para pintar debería escogerse un motivo que se pueda contemplar por las dos caras. Puesto que la superficie pintada no se puede utilizar como mesa (se rayaría con facilidad) es necesario girarla y utilizar como superficie la otra cara. Por esta razón sólo se emplean vidrios lisos y transparentes.

Si no se quiere girar el vidrio, puede colocar otro cristal unos pocos milímetros por encima. No ponga nunca la cara pintada de una placa de vidrio en contacto directo con otra placa ya que se aplastaría el relieve y las placas, mucho o poco, se pegarían. Si se quisiera luego desmontar las placas, el cuadro quedaría dañado.

El marco de una mesa de vidrio se puede construir también de madera como en un cuadro. Solo hay que hacer algunos pequeños cambios si se utiliza un espejo para reflejar la luz. Si no se quiere montar ningún espejo hay que tener una base muy clara (por ejemplo, un tapiz blanco) ya que de otro modo se falsean los colores y algunos motivos son difíciles de ver.

En las tiendas especializadas se pueden comprar patas de mesa atornillables.

Lámparas de vidrio.

En base al mismo principio se puede construir fácilmente una lámpara de cristal con un marco de madera. Según la forma y el tamaño puede servir tanto como lámpara de mesa o como de pie o de pared.

45

Corte transversal del marco de una mesa con cristal y espejo:
U = cara sin pintar
T = cara pintada
S = espejo
b_3 = listón redondeado
h_1 = listón de madera
b_2 = anchura del marco de madera
d_2 = grosor del marco de madera

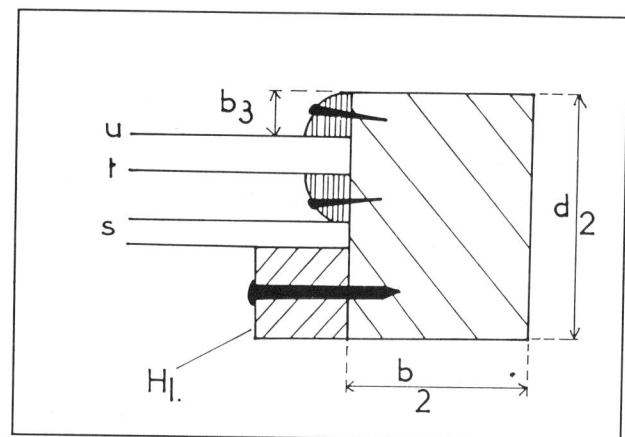

Para que brille la luz y no se vea la bombilla, lo mejor es el vidrio martilleado. Estas lámparas crean, sobre todo, luz de ambiente, por lo que se aplican sólo colores claros. También el cristal lechoso es adecuado. En este caso, la lámpara producirá una luz clara y blanca. Con este tipo de vidrio se pueden conseguir efectos muy interesantes pintando el cristal por ambas caras.

Naturalmente, también puede construir otras lámparas sencillas de formas distintas. Igualmente son bonitas las lámparas cónicas, cilíndricas, cuadradas, hexagonales u octogonales. Estas lámparas recuerdan a menudo el vidriado al plomo. Con la experiencia se atreverá pronto con objetos más complicados. En estas lámparas

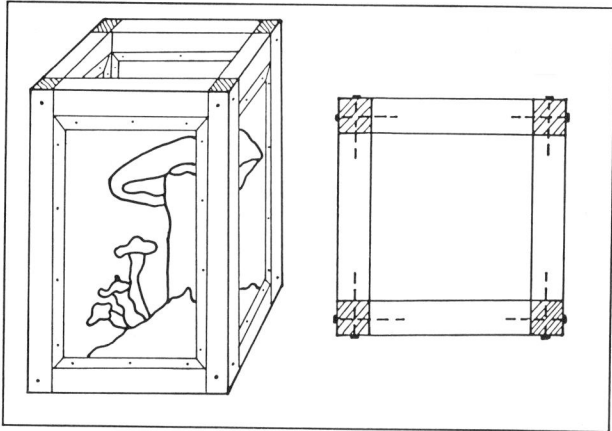

Marco para lámpara con cristal incorporado. Al lado, marco visto por encima.
Para los detalles de su construcción, vea las páginas 39 y 40.

Pequeña mesa decorativa de vidrio pintado. Las flores, ricas en fantasía, sirven especialmente bien como motivo, ya que no deben ser observadas desde ninguna perspectiva en particular, siendo atractivas desde cualquier ángulo.

primero se corta el cristal, después se pinta y finalmente se enmarca con tablillas de plomo. Puede aplicarlas en forma de U o de H de diferente anchura. Es posible comprar otros accesorios en tiendas especializadas en vidriado al plomo, como soportes, engarces, etc.

Biombos.

Una idea algo rebuscada pero llena de atractivo consiste en la construcción de un biombo de vidrio pintado. Para ello puede usar vidrio liso o martilleado, pintarlo por completo o sólo parcialmente, como más le guste. El tamaño de las placas de vidrio dependerá del uso final del biombo: puede servir como separador de espacios o como pantalla (por ejemplo, frente a una ventana). El montaje es siempre igual. Se enmarca cada una de las partes (véase "Marcos de madera") engarzándolas con bisagras. Los biombos grandes deben ir montados sobre ruedas puesto que el peso del cristal los hace difícilmente transportables.

Pequeños objetos de vidrio.

Con el tinte transparente se pueden decorar también pequeño objetos de vidrio; por ejemplo, vasos, jarrones, etc. Las superficies redondas requieren más tiempo que las planas y son más difíciles de pintar. Sobre todo al principio el trabajo de la pasta para contornos trae consigo algunos problemas. Cuando se pinta debe aplicarse poco tinte para que el color no se corra. Puesto que tales objetos no suelen exponerse al sol, no hay ningún peligro en el uso de capas finas. Los objetos así pintados

Este biombo consiste en una pequeña pantalla de tres caras.

Lámpara de mesa pintada. Produce un efecto muy agradable con una vela en su interior.

Algunos ejemplos de objetos de vidrio pintados.

pueden lavarse perfectamente. Por supuesto, no debe aplicar los tintes a objetos que vayan a estar en contacto con alimentos.

Antes de empezar el trabajo con estos pequeños objetos, uno ha de preguntarse si emplea colores transparentes o bien si es más oportuno el uso de esmaltes. Si se pinta, por ejemplo, un tarro o una botella de color, es mejor escoger esmaltes ya que los colores transparentes encima de otro color quedan falseados, así como el motivo, que pierde transparencia y vistosidad. Así pues, los colores transparentes sólo se deben usar cuando se desea una "transparencia" que no quede enmascarada por otro color.

Las ideas propias

Conversión de una imagen en pintura sobre vidrio.

Cuando uno lleva tiempo ocupado con la pintura sobre vidrio llega sin duda el momento en que el uso de motivos ya hechos nos deja insatisfechos. Y además, no existen a la venta motivos para puertas y ventanas. La elaboración de un motivo propio es realmente fácil, solo hay que observar una regla básica. Dado que en la pintura sobre vidrio la mayoría de las veces se trabaja con propuestas no hay que preocuparse al principio por la realización de un esbozo "claro". Bastarán unas cuantas líneas. Trasladado sobre la placa de vidrio, no aparece más que un ligero esbozo. ¡Hay que animar al principiante!

Al principio es provechoso escoger un cuadro ya hecho (pintado por uno mismo, una foto, cuadro u otro trabajo que se desee reproducir) en el que basar el boceto. Con la práctica podrá prescindir de los "cuadros de prueba".

a) Un boceto consiste únicamente en contornos, no hay sombras. En los cuadros pequeños se trabaja posteriormente con los tintes.

b) Tenga en cuenta todos los detalles, si el motivo y el cuadro posterior han de ser grandes, el grosor de las líneas de contornos ha de ser por lo menos de 2-3 milímetros.

Si se pintan árboles lejanos, sin poder entrar en el detalle de las hojas, puede separar las zonas más claras y más oscuras con líneas de contornos. Lo mismo sirve para la superficie del agua, que aquí ha estado separada en pequeñas zonas.

Las zonas sombreadas se trabajan con el color, y las superficies grandes o realces especiales se marcan con líneas (tronco de árbol).

Un esbozo es válido cuando las líneas producen un dibujo regular. Un pequeño truco, con la ayuda del cual es posible ver si las líneas están bien trazadas o si aún presentan irregularidades, consiste en observar el dibujo reflejado en un espejo (de manera que se vea el cuadro invertido) o bien colocándolo por encima de la cabeza (de manera que se observe en otro sentido). Una vez no quede ninguna línea más por corregir, lo mejor será reseguirlas con un rotulador negro de la anchura de las líneas de contorno. Naturalmente, es posible realizar en un mismo cuadro contornos de distinto grosor.

Cambios en la ornamentación.

Con un espejo de variación (dos espejos montados) se forma sobre el patrón un ángulo de 90 grados. Se dibuja esta línea, se aleja el espejo y se calca esta media figura angular. Si se da la vuelta al papel de calcar, aparece la figura completa.

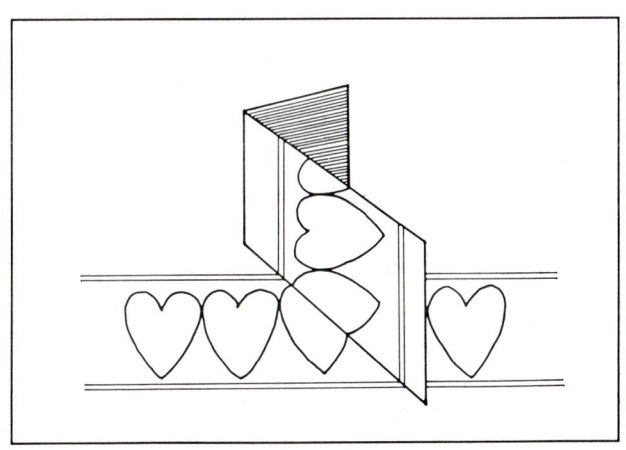

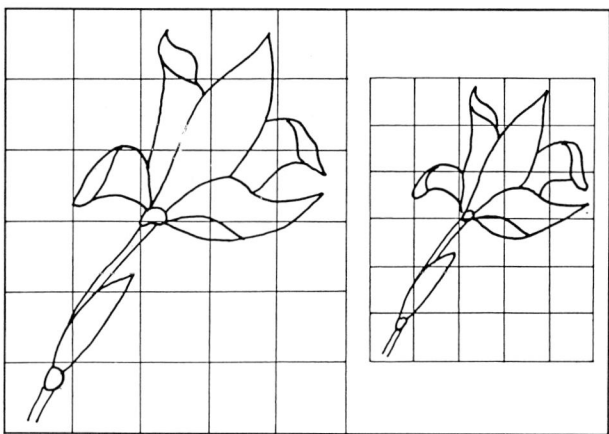

Si se coloca el espejo formando ángulo sobre el patrón aparece una figura encuadrada. Se puede utilizar, p. ej., como motivo central o figura angular del cuadro.

El método reticular.

Para ampliar o reducir un patrón se dibuja una trama sobre el mismo. Se dibuja otra trama mayor o menor en otra hoja. Con la ayuda de estas líneas se puede trasladar el motivo conservando las proporciones.

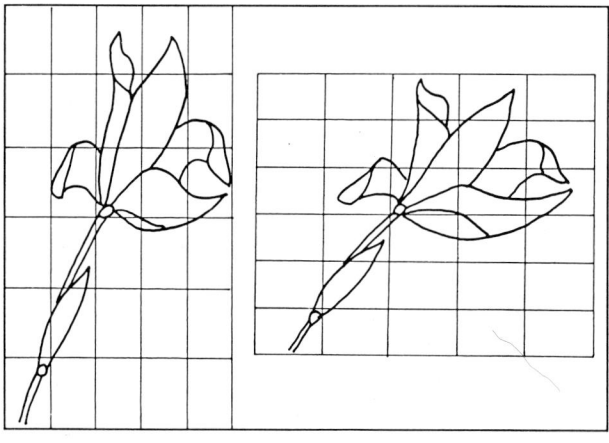

También con una trama se puede ensanchar o estrechar el motivo, alargarlo o acortarlo. Ello es posible sólo cuando el objeto dibujado permita estas transformaciones.

54

Construcción de una mesa de vidrio para la pintura sobre vidrio

Una mesa de vidrio con luz incorporada es una gran ayuda para la pintura sobre vidrio. Vale la pena, sobre todo cuando se pinta a menudo. Dado que su construcción no presenta ningún problema y que uno mismo se puede construir la mesa de una forma muy simple, le recomendamos la construcción de esta herramienta, la cual le facilitará el trabajo. A pesar de que su construcción es fácil, sería quizás mejor empezar con el diseño de la mesa y definir sus proporciones. Con ello puede concretar el tamaño que ha de tener el cristal y los cantos de madera.

En cuanto a herramientas, precisará de un martillo y una sierra, cola y clavos, pintura blanca y pincel.

La mesa de vidrio se construye a modo de caja abierta por delante. Las dimensiones vienen determinadas por el tamaño de los cuadros que se desea pintar. La altura a-a' debe ser de unos 15 ó 20 cm. Hacen falta planchas de conglomerado de 2 cm de grueso, listones de madera y un cristal de 8 mm, preferible de vidrio lechoso.

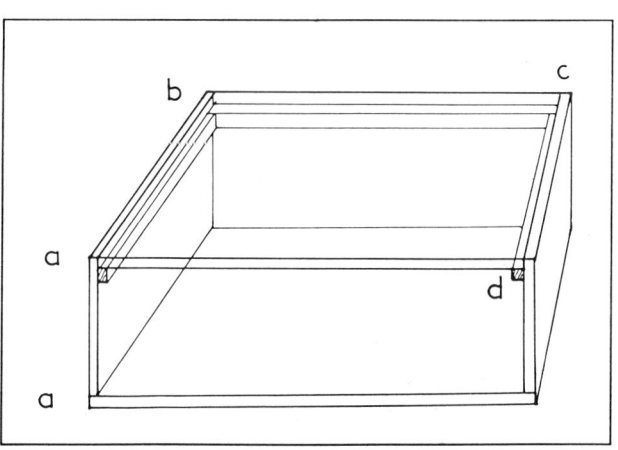

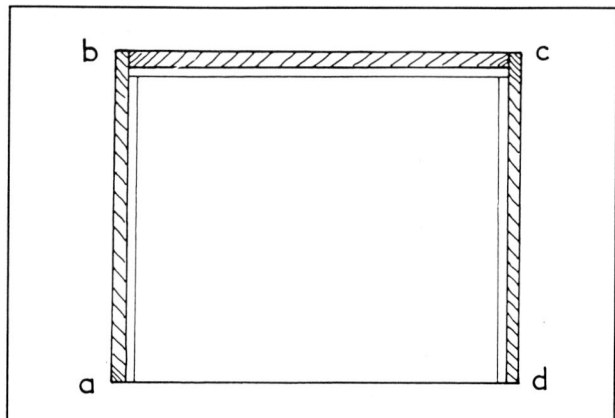

Aspecto de la mesa de vidrio, vista desde arriba, con la disposición de los listones de madera.

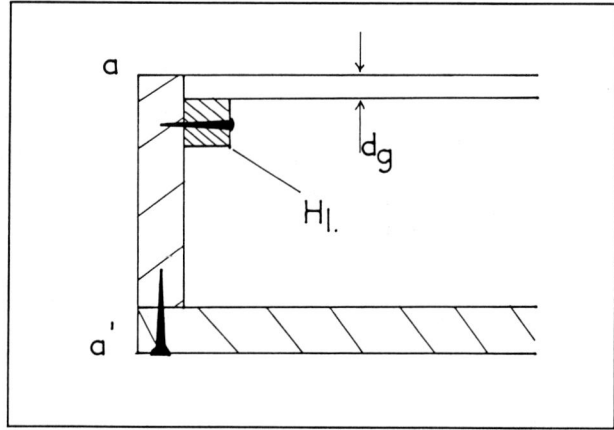

Detalle transversal:
H_1 = listón de madera que aguanta el cristal.
d_g = grosor del vidrio.
Todas las partes ensambladas están pegadas y clavadas.

Todas las caras internas del armazón deben pintarse de blanco para una mejor reflexión de la luz.

En la caja puede instalarse una pequeña luz movible de neón, orientable a voluntad. Bajo esta construcción pueden atornillarse patas ya hechas o simplemente colocar un par de caballetes de madera. No es aconsejable colocar la mesa de vidrio encima de una mesa corriente debido a que la superficie de trabajo queda demasiado elevada.

Ideas para pintar

Los motivos copiados han sido reducidos a 1/3 parte.

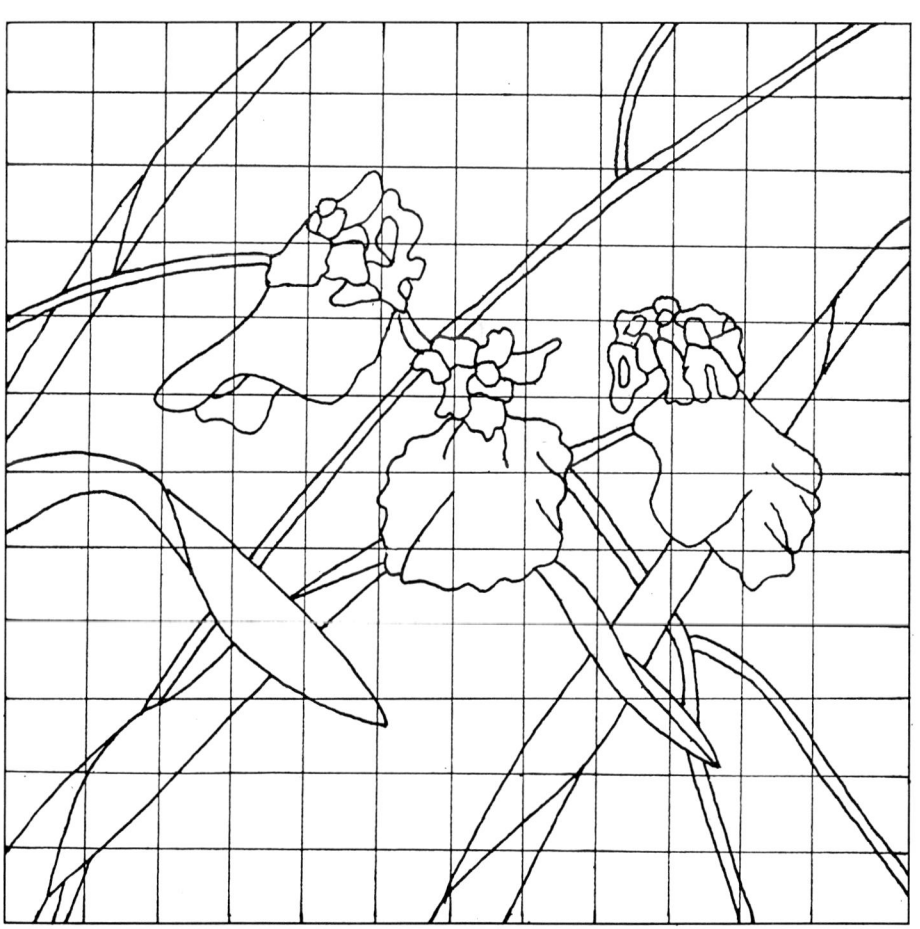

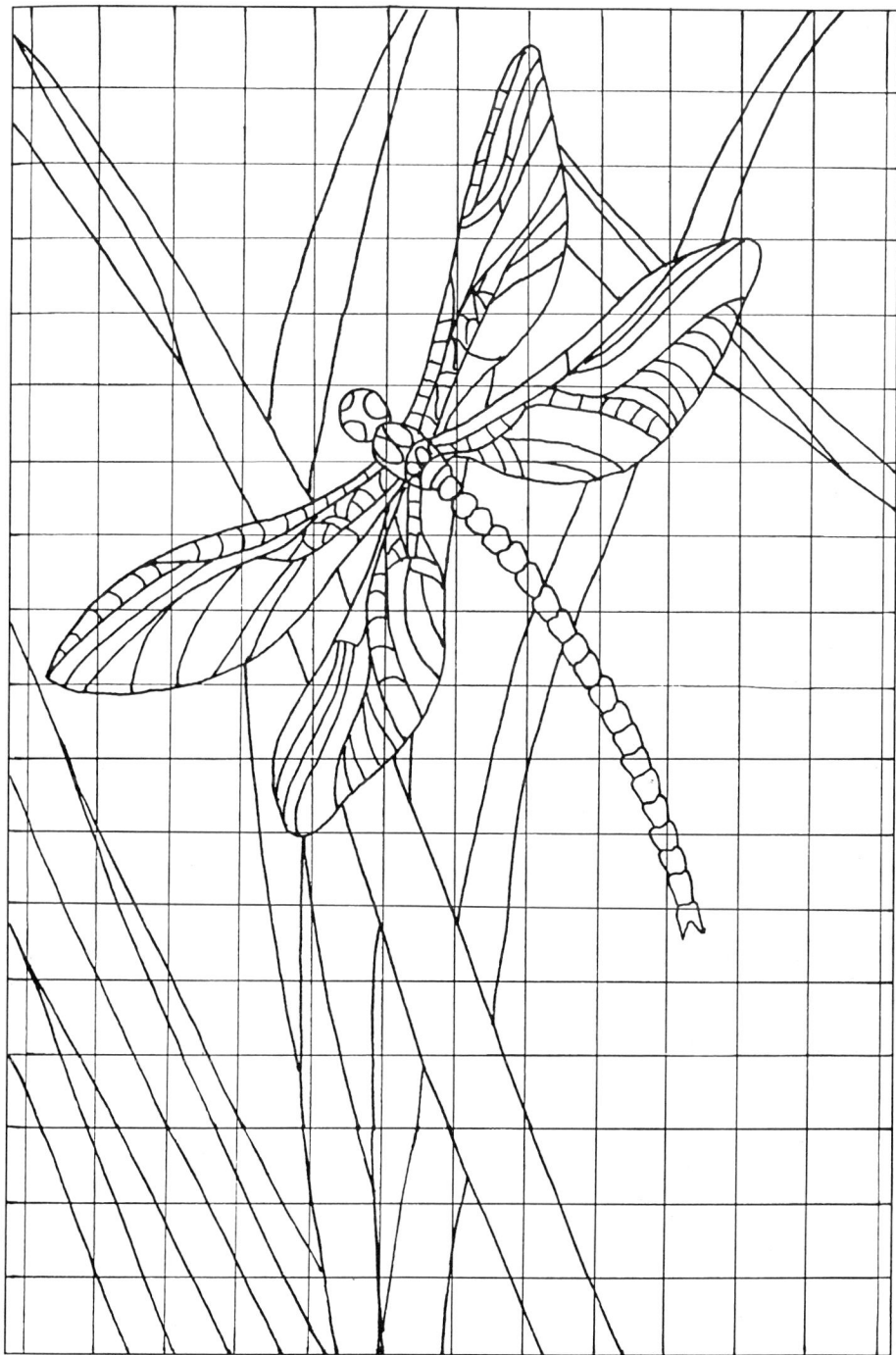

59

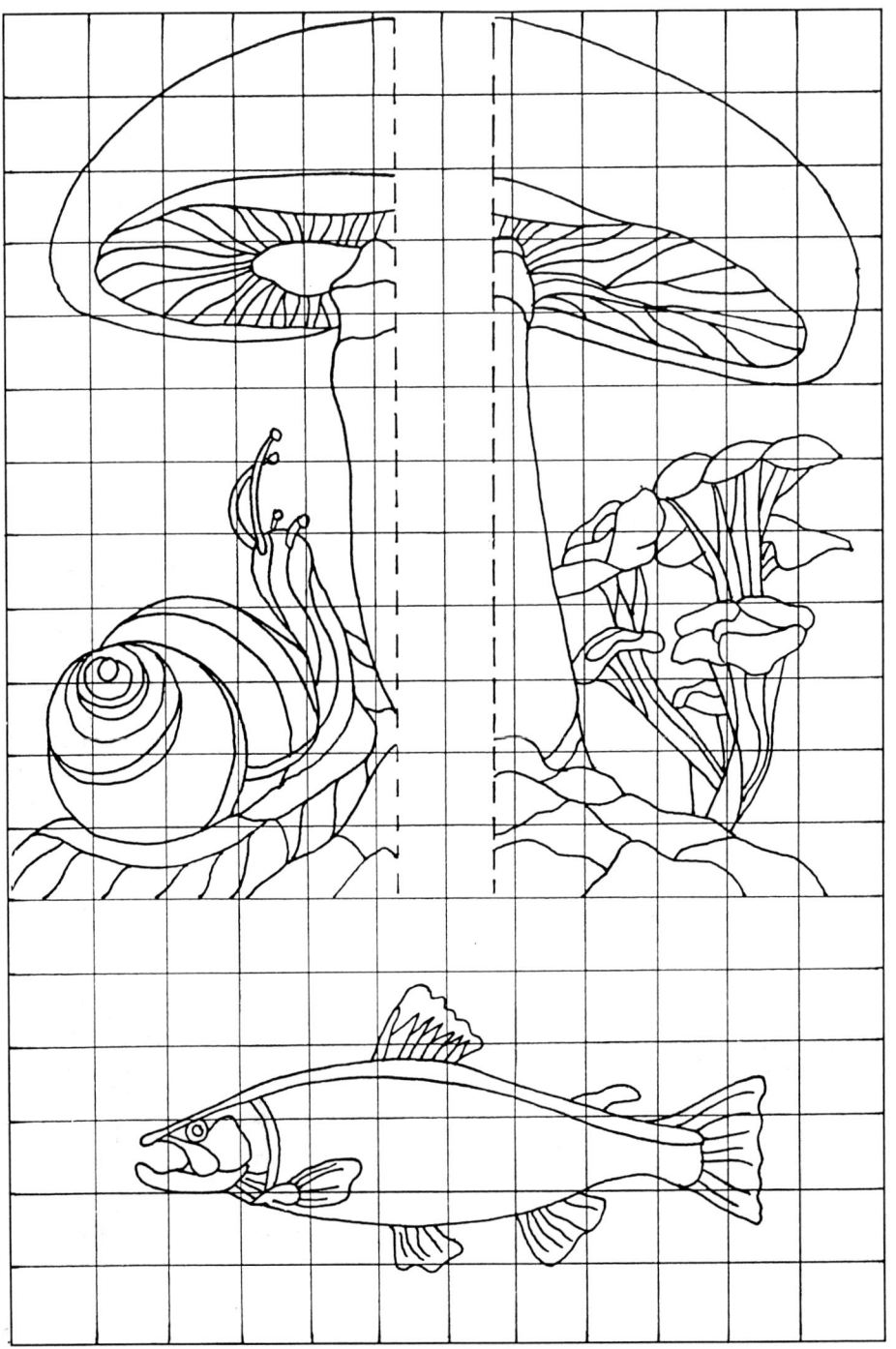

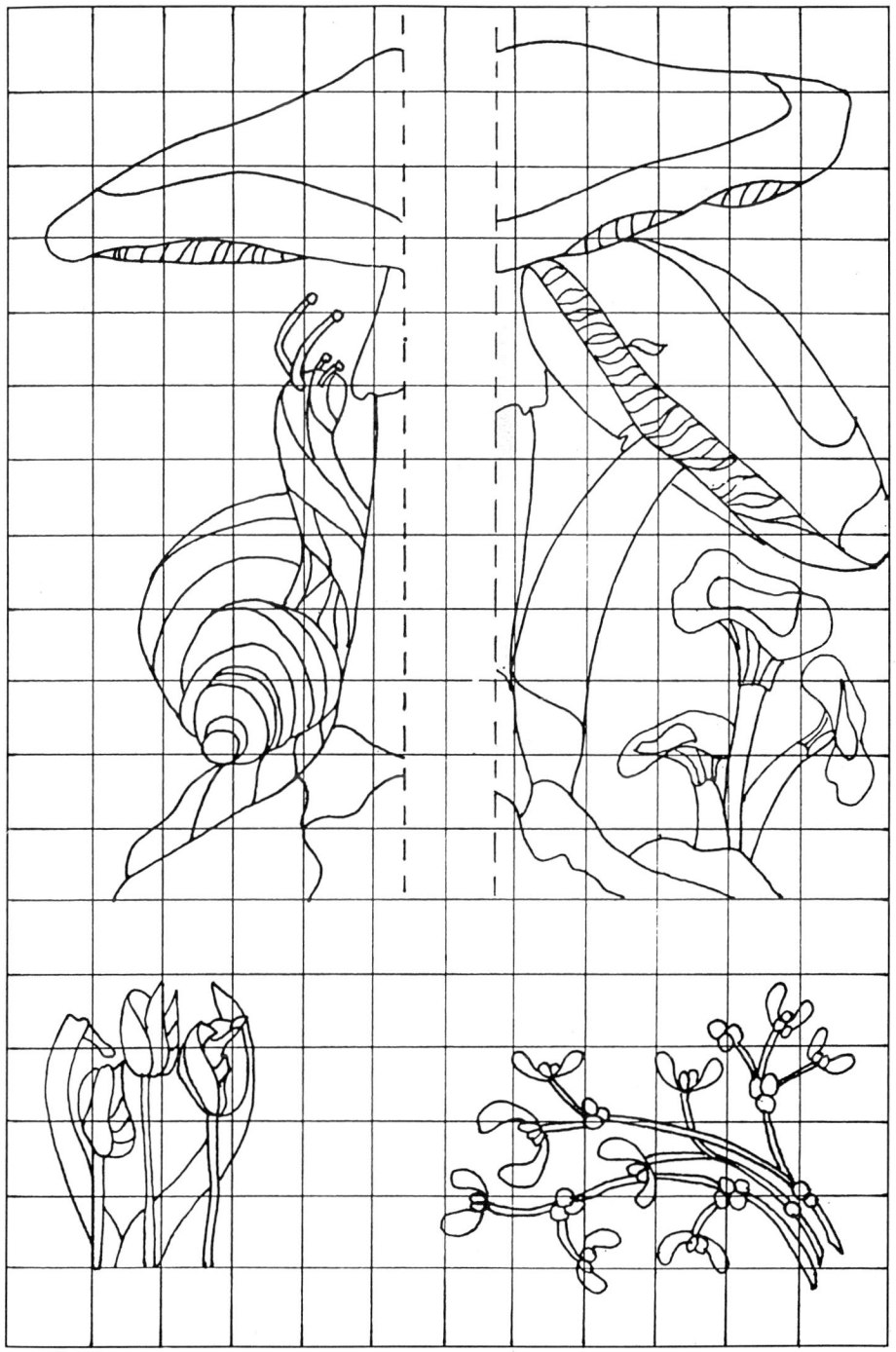

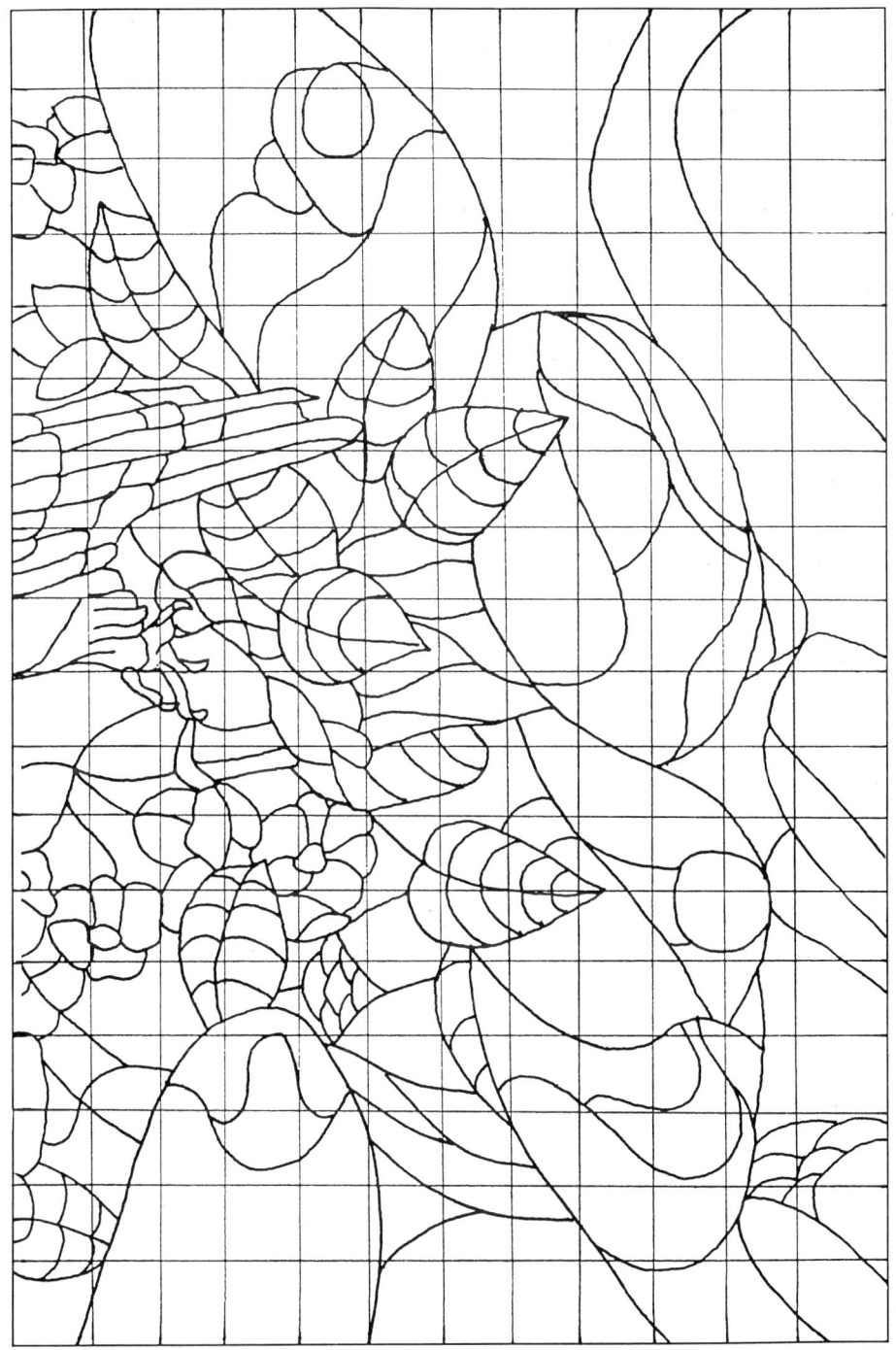

63